The Lazy Prince And Other Bilingual Swedish-English Stories for Kids

Pomme Bilingual

Published by Pomme Bilingual, 2024.

THE LAZY PRINCE AND OTHER BILINGUAL SWEDISH-ENGLISH STORIES FOR KIDS

First edition. September 17, 2024.

Copyright © 2024 Pomme Bilingual.

ISBN: 979-8227046161

Written by Pomme Bilingual.

Table of Contents

Den Magiska Stolen

Det var en gång en pojke som hette Hugo. Hugo var nio år gammal och bodde i en liten stad med sin mamma och pappa. De bodde i ett hus som var mycket gammalt, med knarrande golv och ett tak som läckte varje gång det regnade. Men trots det tyckte Hugo om sitt hus, särskilt sitt rum på vinden. Det var där han kunde drömma om äventyr, läsa böcker och fantisera om magiska världar.

En dag när Hugo gick hem från skolan, såg han något underligt. På trottoaren framför ett gammalt antikvariat stod en stol. Den var hög och elegant, med vackra sniderier och en mjuk, röd sammetsits. Hugo kunde inte förstå varför någon skulle vilja slänga en så fin stol. Nyfiken gick han närmare.

På stolen satt en lapp: "Ta mig om du vågar!" stod det. Hugo tittade sig omkring för att se om någon annan hade märkt stolen, men gatan var tom. Han ryckte på axlarna, tog lappen och lade den i fickan. Sedan bestämde han sig för att bära hem stolen. Det var som om den ropade på honom, som om den ville att han skulle ta med den hem.

När Hugo kom hem, bar han upp stolen till sitt rum. Den passade perfekt framför hans skrivbord. "En riktig kungatron," tänkte Hugo och satte sig ner. Men så snart han satt sig, kände han en konstig vibration. Stolen började skaka lätt, som om den levde.

Hugo reste sig upp med ett skutt. Hade han bara inbillat sig? Han satte sig igen, och plötsligt kändes det som om rummet snurrade runt honom. Väggarna försvann, och hela hans rum förvandlades till en stor, magisk skog. Träd med gyllene löv omringade honom, och fåglar med färger han aldrig sett förut flög över honom.

"Var är jag?" viskade Hugo för sig själv. Stolen var inte längre bara en stol – den var en port till en annan värld.

Plötsligt hörde han ett ljud. Det lät som fotsteg, men inte vanliga fotsteg. De var tunga och ekade genom skogen. Hugo reste sig långsamt från stolen och såg en enorm figur närma sig. Det var en jätte – minst tio meter hög, med grönt skägg och stora, bullriga fötter.

"Hej, lilla människa," sa jätten med en djup röst. "Vem är du, och varför sitter du på min stol?"

Hugo kände hur hans hjärta slog snabbare. "Din stol? Men... jag hittade den på en gata i min stad."

Jätten skrattade så högt att träden skakade. "Den där stolen har tillhört min familj i tusen år. Den har kraften att ta vem som helst till olika magiska världar. Men den försvann en dag, och nu ser jag att du har funnit den."

Hugo blev ännu mer förvirrad. "Så... den är magisk? Vad ska jag göra med den?"

"Det är upp till dig," sa jätten och böjde sig ner för att titta närmare på Hugo. "Men var försiktig. Stolen har sin egen vilja, och den tar inte alltid människor dit de vill. Ibland tar den dem dit de behöver vara."

Hugo kände ett pirr i magen. Han hade alltid drömt om äventyr, och nu stod han inför det största äventyret i sitt liv. "Kan jag resa vart jag vill?" frågade han.

"Ja, men kom ihåg, varje resa har ett pris," sa jätten. "Och inte alla resor har ett enkelt slut."

Under de följande veckorna använde Hugo stolen för att resa till olika världar. En dag hamnade han i en värld där allt var gjort av godis – husen var gjorda av choklad, floderna av saft, och träden bar karameller som frukt. En annan dag reste han till en värld där djuren kunde prata, och han blev vän med en mycket klok uggla.

Men inte alla resor var lika trevliga. En gång fördes Hugo till en mörk och dimmig plats där han mötte sin största rädsla – en skugga som följde efter honom vart han än gick. Det var först när han vågade möta skuggan som han insåg att det inte var något att vara rädd för – skuggan var en del av honom själv.

Varje gång han återvände hem, kändes det som om han hade lärt sig något nytt om sig själv och världen. Stolen, som först hade verkat så mystisk och skrämmande, blev en källa till kunskap och mod.

En dag när Hugo kom hem från en av sina resor, märkte han att stolen inte längre vibrerade eller skakade. Den såg ut som en vanlig, gammal stol igen. Han satte sig ner och väntade, men inget hände.

"Har den förlorat sin magi?" tänkte Hugo. Men innerst inne visste han att stolen hade gett honom allt den kunde. Äventyren han hade upplevt, världarna han hade besökt, hade förändrat honom för alltid.

Han log för sig själv och kände ett lugn sprida sig genom kroppen. Även om stolen inte längre var magisk, skulle han alltid ha sina minnen. Och vem vet, kanske en dag skulle någon annan hitta den, och deras äventyr skulle börja.

The Magic Chair

Once upon a time, there was a boy named Hugo. Hugo was nine years old and lived in a small town with his mom and dad. They lived in a house that was very old, with creaky floors and a roof that leaked every time it rained. But despite that, Hugo loved his house, especially his room in the attic. It was where he could dream of adventures, read books, and imagine magical worlds.

One day, as Hugo was walking home from school, he saw something strange. On the sidewalk in front of an old antique shop stood a chair. It was tall and elegant, with beautiful carvings and a soft, red velvet seat. Hugo couldn't understand why anyone would want to throw away such a fine chair. Curious, he walked closer.

On the chair was a note: "Take me if you dare!" it read. Hugo looked around to see if anyone else had noticed the chair, but the street was empty. He shrugged, took the note, and put it in his pocket. Then he decided to carry the chair home. It was as if it was calling out to him, as if it wanted him to take it.

When Hugo got home, he carried the chair up to his room. It fit perfectly in front of his desk. "A real throne," Hugo thought and sat down. But as soon as he sat down, he felt a strange vibration. The chair started to shake slightly, as if it was alive.

Hugo jumped up. Had he imagined it? He sat down again, and suddenly, it felt as if the room was spinning around him. The walls disappeared, and his whole room transformed into a big, magical forest. Trees with golden leaves surrounded him, and birds with colors he had never seen before flew overhead.

"Where am I?" Hugo whispered to himself. The chair was no longer just a chair – it was a portal to another world.

Suddenly, he heard a sound. It sounded like footsteps, but not ordinary footsteps. They were heavy and echoed through the forest. Hugo slowly got up from the chair and saw a huge figure approaching. It was a giant – at least ten meters tall, with a green beard and big, thundering feet.

"Hello, little human," the giant said in a deep voice. "Who are you, and why are you sitting on my chair?"

Hugo's heart raced. "Your chair? But... I found it on a street in my town."

The giant laughed so loudly that the trees shook. "That chair has belonged to my family for a thousand years. It has the power to take anyone to different magical worlds. But it disappeared one day, and now I see you've found it."

Hugo was even more confused. "So... it's magical? What should I do with it?"

"That's up to you," the giant said, bending down to take a closer look at Hugo. "But be careful. The chair has a will of its own, and it doesn't always take people where they want to go. Sometimes it takes them where they need to be."

Hugo felt a tingle in his stomach. He had always dreamed of adventures, and now he stood on the verge of the biggest adventure of his life. "Can I travel wherever I want?" he asked.

"Yes, but remember, every journey has a price," said the giant. "And not every journey has an easy end."

Over the next few weeks, Hugo used the chair to travel to different worlds. One day, he ended up in a world where everything was made of candy – the houses were made of chocolate, the rivers of juice, and the trees bore candies as fruit. Another day, he traveled to a world where animals could talk, and he became friends with a very wise owl..

But not all journeys were as pleasant. Once, Hugo was taken to a dark and misty place where he encountered his greatest fear – a shadow that followed him wherever he went. It was only when he dared to face the shadow that he realized there was nothing to fear – the shadow was a part of himself.

Each time he returned home, it felt like he had learned something new about himself and the world. The chair, which had first seemed so mysterious and scary, became a source of knowledge and courage.

One day, when Hugo returned home from one of his journeys, he noticed that the chair no longer vibrated or shook. It looked like a normal, old chair again. He sat down and waited, but nothing happened.

"Has it lost its magic?" Hugo thought. But deep down, he knew that the chair had given him everything it could. The adventures he had experienced, the worlds he had visited, had changed him forever.

He smiled to himself, feeling a sense of calm spreading through his body. Even though the chair was no longer magical, he would always have his memories. And who knows, maybe one day someone else would find it, and their adventure would begin.

Den lata prinsen

———

Det var en gång en mycket lat prins som hette Viktor. Han bodde i ett stort slott högt uppe på en kulle, omgiven av trädgårdar som sträckte sig så långt ögat kunde se. Men trots att prins Viktor hade allt han kunde önska sig – tjänare, lekar och mat i överflöd – hade han ett stort problem. Han ville aldrig göra någonting själv.

Varje morgon väckte hans trogna betjänt, Gustav, honom med en bricka full av färsk frukt, bröd och den bästa choklad som slottets kök kunde skapa. "God morgon, er höghet," sa Gustav och bugade sig. "Vad vill ni göra idag?"

Men Viktor gäspade bara och sa: "Jag orkar inte bestämma mig. Du får välja åt mig."

Gustav suckade inombords, men han var van vid prinsens lathet. "Kanske en promenad i trädgården?" föreslog han försiktigt.

"Nej, det låter jobbigt," svarade Viktor och lade sig till rätta i sin stora, mjuka säng.

Dagarna gick, och prins Viktor gjorde ingenting annat än att ligga i sin säng eller sitta på sin tron och ge order. Han vägrade att gå, sprang aldrig, och än mindre hjälpte han till i trädgården eller lekte med andra barn i kungariket.

En dag kom drottningen, hans mor, in i hans rum. Hon hade fått nog. "Viktor," sa hon strängt, "du är snart gammal nog att bli kung, men du kan inte ens bestämma vad du ska göra på morgonen. Det är dags att du lär dig att ta ansvar!"

Viktor gäspade och sa: "Mamma, jag vill bara vila. Varför måste jag göra allt själv när jag har så många som kan göra det åt mig?"

Drottningen suckade djupt och bestämde sig för att ta saken i egna händer. Hon hade hört talas om en klok gammal trollkarl som bodde i en grotta långt borta. Han var känd för att kunna lösa alla sorters problem, och drottningen hoppades att han skulle kunna hjälpa Viktor att övervinna sin lathet.

Dagen efter skickade hon Gustav för att hämta trollkarlen. Gustav red i flera dagar tills han nådde den mörka grottan där trollkarlen bodde. När han kom fram, berättade han om prins Viktors problem.

"Åh, jag har hört om den lata prinsen," sa trollkarlen och log listigt. "Jag tror jag vet precis vad som behövs."

Han gav Gustav en liten flaska fylld med en skimrande, gul vätska. "Ge detta till prinsen," sa trollkarlen. "Men var försiktig – det här kommer inte bara förändra honom, det kommer också lära honom en viktig läxa."

När Gustav återvände till slottet, gav han drottningen flaskan. Hon gick genast till Viktor, som låg i sin säng och läste serietidningar.

"Viktor," sa hon, "jag har något som kan hjälpa dig att bli mindre lat."

Viktor lyfte knappt blicken från sin tidning. "Vad är det nu, mamma?"

Drottningen hällde några droppar av den gula vätskan i ett glas och räckte det till honom. "Drick det här," sa hon.

Viktor tog glaset, ryckte på axlarna och drack upp allt på en gång. Han kände ingenting först, men plötsligt började hela hans kropp kännas konstig. Hans armar och ben kändes lättare, och hans huvud snurrade lite.

"Vad händer med mig?" frågade Viktor oroligt.

"Inget farligt," svarade drottningen lugnt. "Men nu får vi se vad som händer."

Nästa morgon vaknade Viktor med ett ryck. Han satte sig upp i sängen och kände något mycket konstigt – hans säng var borta! Istället låg han på ett hårt golv i ett litet rum, och det fanns inga betjänter i sikte.

"Var är jag?" ropade han. Men ingen svarade.

Han reste sig långsamt och tittade runt i rummet. Det var en enkel stuga, och det fanns inget som tydde på att han var i sitt slott längre. Ingen lyx, inga tjänare – bara han och ett litet bord med ett bröd och en kanna vatten.

"Det här måste vara ett skämt," mumlade Viktor för sig själv. "Var är Gustav? Var är min frukost med choklad?"

När han öppnade dörren till stugan, fann han sig själv i en stor, vild skog. Träden sträckte sig högt mot himlen, och han hörde ljudet av fåglar och djur som han aldrig tidigare hade hört. Viktor började gå, men snart insåg han hur hungrig han var.

"Jag måste hitta någon som kan hjälpa mig," tänkte han. Men ingen kom. Ingen vägvisare, inga tjänare – bara skogen, och han var ensam.

Efter timmar av vandring hittade Viktor till slut en liten by. Han gick fram till den första personen han såg – en gammal man som satt utanför sitt hus och lagade sina kläder.

"Ursäkta," sa Viktor med hög röst. "Jag är prins Viktor, och jag kräver att du hjälper mig att hitta tillbaka till mitt slott."

Den gamla mannen tittade på honom och skrattade. "Prins eller inte, här jobbar vi alla för vår egen överlevnad. Ingen kan hjälpa dig om du inte är villig att arbeta själv."

Viktor stirrade förvånat på mannen. "Men... jag är en prins! Jag ska inte behöva jobba."

Mannen ryckte på axlarna. "Här är vi alla lika. Om du vill ha mat, måste du arbeta."

Viktor insåg att han inte hade något val. Han var för hungrig för att bråka, så han frågade mannen vad han kunde göra.

De följande dagarna fick Viktor lära sig allt han aldrig hade behövt göra förut. Han hjälpte till på gårdar, bar ved, och till och med städade i byns lilla torg. Det var hårt arbete, och varje kväll var han så trött att han knappt kunde hålla sig vaken.

Men något började förändras i Viktor. Han kände sig starkare, inte bara i kroppen utan även i sitt sinne. Han började förstå hur mycket arbete och ansträngning andra människor lade ner varje dag för att få livet att fungera. För första gången i sitt liv kände han sig stolt över det han hade åstadkommit med sina egna händer.

En morgon, när han vaknade i den lilla stugan, såg han något som fick honom att häpna. Utanför dörren stod Gustav med ett brett leende på läpparna.

"God morgon, er höghet," sa Gustav. "Dags att återvända till slottet."

När Viktor kom tillbaka till slottet, var allt precis som det varit när han lämnade det – förutom en sak. Viktor var inte längre samma prins som han varit förut. Han började hjälpa till med trädgården, lekte med barnen i byn, och till och med tog ansvar för sina egna sysslor. Han insåg att arbete inte var något att frukta, utan något som kunde ge honom en känsla av att vara användbar och viktig.

Och även om han fortfarande älskade choklad till frukost, kunde han nu uppskatta det efter en morgon av hårt arbete.

Från och med den dagen blev Viktor känd som den klokaste och vänligaste prinsen i hela kungariket. Han blev en ledare som hjälpte sitt folk, inte genom att ge order, utan genom att arbeta tillsammans med dem.

Och den magiska drycken? Den hade bara varit en illusion, ett knep för att lära Viktor en viktig läxa. Trollkarlens ord hade visat sig vara sanna – ibland är den största magin den man finner inom sig själv.

The Lazy Prince

Once upon a time, there was a very lazy prince named Viktor. He lived in a large castle high up on a hill, surrounded by gardens that stretched as far as the eye could see. But despite Prince Viktor having everything he could wish for—servants, games, and food in abundance—he had one big problem. He never wanted to do anything himself.

Every morning, his loyal servant Gustav would wake him with a tray full of fresh fruit, bread, and the best chocolate the castle's kitchen could create. "Good morning, Your Highness," said Gustav, bowing. "What would you like to do today?"

But Viktor just yawned and said, "I can't be bothered to decide. You choose for me."

Gustav sighed inwardly, but he was used to the prince's laziness. "Maybe a walk in the garden?" he suggested cautiously.

"No, that sounds exhausting," replied Viktor, settling back into his large, soft bed.

The days went by, and Prince Viktor did nothing but lie in his bed or sit on his throne, giving orders. He refused to walk, never ran, and much less helped in the garden or played with the other children in the kingdom.

One day, the queen, his mother, entered his room. She had had enough. "Viktor," she said sternly, "you're soon old enough to be king, but you can't even decide what to do in the morning. It's time for you to learn how to take responsibility!"

Viktor yawned and said, "Mom, I just want to rest. Why do I have to do everything myself when I have so many people to do it for me?"

The queen sighed deeply and decided to take matters into her own hands. She had heard of a wise old wizard who lived in a cave far away. He was known for being able to solve all sorts of problems, and the queen hoped he could help Viktor overcome his laziness.

The next day, she sent Gustav to fetch the wizard. Gustav rode for several days until he reached the dark cave where the wizard lived. When he arrived, he told him about Prince Viktor's problem.

"Oh, I've heard of the lazy prince," said the wizard with a sly smile. "I think I know exactly what's needed."

He gave Gustav a small bottle filled with a shimmering, golden liquid. "Give this to the prince," said the wizard. "But be careful—it won't just change him, it will also teach him an important lesson."

When Gustav returned to the castle, he gave the queen the bottle. She immediately went to Viktor, who was lying in his bed reading comic books.

"Viktor," she said, "I have something that can help you become less lazy."

Viktor barely lifted his gaze from his magazine. "What now, Mom?"

The queen poured a few drops of the golden liquid into a glass and handed it to him. "Drink this," she said.

Viktor shrugged, took the glass, and drank it all at once. At first, he felt nothing, but suddenly his whole body began to feel strange. His arms and legs felt lighter, and his head spun a little.

"What's happening to me?" Viktor asked worriedly.

"Nothing dangerous," the queen replied calmly. "But now we'll see what happens."

The next morning, Viktor woke up with a start. He sat up in bed and felt something very strange—his bed was gone! Instead, he was lying on a hard floor in a small room, and there were no servants in sight.

"Where am I?" he shouted. But no one answered.

He slowly stood up and looked around the room. It was a simple cottage, and there was no sign that he was in his castle anymore. No luxury, no servants—just him and a small table with some bread and a jug of water.

"This must be a joke," Viktor mumbled to himself. "Where's Gustav? Where's my chocolate breakfast?"

When he opened the door of the cottage, he found himself in a large, wild forest. The trees stretched high into the sky, and he heard the sounds of birds and animals he had never heard before. Viktor started walking, but soon realized how hungry he was.

"I must find someone to help me," he thought. But no one came. No guide, no servants—just the forest, and he was alone.

After hours of walking, Viktor finally found a small village. He approached the first person he saw—an old man sitting outside his house, mending his clothes.

"Excuse me," Viktor said loudly. "I am Prince Viktor, and I demand that you help me find my way back to the castle."

The old man looked at him and laughed. "Prince or not, here we all work for our survival. No one can help you unless you're willing to work yourself."

Viktor stared at the man in surprise. "But... I'm a prince! I shouldn't have to work."

The man shrugged. "Here we are all equal. If you want food, you'll have to work."

Viktor realized he had no choice. He was too hungry to argue, so he asked the man what he could do.

In the following days, Viktor learned to do all the things he had never had to do before. He helped on farms, carried firewood, and even cleaned the village square. It was hard work, and every evening he was so tired he could barely stay awake.

But something began to change in Viktor. He felt stronger, not just in his body but also in his mind. He started to understand how much effort and hard work other people put in every day to make life work. For the first time in his life, he felt proud of what he had accomplished with his own hands.

One morning, when he woke up in the small cottage, he saw something that made him gasp. Outside the door stood Gustav, with a broad smile on his face.

"Good morning, Your Highness," said Gustav. "Time to return to the castle."

When Viktor returned to the castle, everything was just as it had been when he left—except for one thing. Viktor was no longer the same prince he had been before. He started helping in the garden, played with the village children, and even took responsibility for his own tasks. He realized that work wasn't something to fear, but something that could give him a sense of usefulness and importance.

And even though he still loved chocolate for breakfast, he could now appreciate it after a morning of hard work.

From that day on, Viktor became known as the wisest and kindest prince in the whole kingdom. He became a leader who helped his people, not by giving orders, but by working alongside them.

And the magical potion? It had just been an illusion, a trick to teach Viktor an important lesson. The wizard's words had proven true— sometimes the greatest magic is the kind you find within yourself.

En mycket lat katt

D et var en gång en katt som hette Kalle. Kalle var inte som andra katter. Medan de flesta katter älskar att jaga möss, springa runt och klättra i träd, gjorde Kalle bara en sak – han sov. Faktum är att Kalle sov så mycket att han blev känd i hela byn som "den lata katten."

Kalles ägare, en snäll gammal dam vid namn Margit, försökte på alla sätt få honom att röra på sig. Hon köpte honom nya leksaker, bjöd honom på de finaste godbitarna och till och med lät honom sova på de mjukaste kuddarna. Men oavsett vad hon gjorde, var Kalle alltid för trött.

"Åh, Kalle," suckade Margit varje dag, "vad ska jag göra med dig? Du kommer aldrig att bli en hjälte om du bara sover hela tiden."

Men Kalle brydde sig inte. Han rullade bara runt på sin kudde och gäspade stort. "Jag behöver inte vara en hjälte," tänkte han. "Jag har det bra som jag har det."

En dag när Margit var ute och handlade, kom en farlig tjuv till byn. Han hette Sigge och var ökänd för att stjäla från de gamla och svaga. Sigge hade hört talas om Margits hus och alla hennes fina saker, så han bestämde sig för att bryta sig in.

När Sigge smög in genom fönstret, låg Kalle som vanligt och sov på sin kudde. Tjuven tittade runt i huset och började samla ihop smycken, pengar och allt annat värdefullt han kunde hitta. Men när han kom till Kalles rum, råkade han snubbla över kattens leksaksmus.

"Vad i hela friden är det här?" muttrade Sigge irriterat.

Kalle vaknade till av ljudet, men som vanligt brydde han sig inte. "För mycket besvär," tänkte han och lade sig tillbaka för att sova.

Men Sigge hade råkat göra ett misstag. Han snubblade igen, och den här gången föll han rakt på Kalles kudde och hamnade ansikte mot ansikte med den lata katten.

Kalle blinkade långsamt mot tjuven, som stirrade på honom med rädsla i ögonen. Tjuven var inte rädd för katter, men han visste att om han blev upptäckt av någon, även om det bara var en katt, kunde han bli fast. Han visste att Margit skulle komma hem snart, och han hade inte tid att bråka.

Men Kalle, som fortfarande var halvvaken, gjorde något oväntat. Han rullade över och tryckte av misstag på en knapp som Margit hade satt in för att aktivera ett larmsystem. Ett högt tjutande ljud fyllde huset, och Sigge hoppade upp i panik.

"Vad är det här?" skrek Sigge och försökte stänga av ljudet.

Men det var för sent. Ljudet hade redan larmat grannarna, och snart skulle polisen vara där.

Sigge, som var i total panik, visste inte vad han skulle göra. Han sprang mot dörren för att fly, men i sin brådska halkade han igen – den här gången på Kalles filt som låg på golvet. Han föll rakt ner, och innan han ens hunnit resa sig upp, hörde han polissirenerna närma sig.

Kalle, som fortfarande låg på kudden, tittade på tjuven och gäspade. Han förstod inte riktigt vad som hände, men han visste att något viktigt hade inträffat.

När polisen kom in i huset, såg de tjuven ligga på golvet, fortfarande förvirrad och utan någon chans att fly. En av poliserna, en storvuxen man vid namn Erik, tittade på Kalle och skrattade.

"Den här katten," sa han, "måste vara den modigaste katten i hela byn! Han stoppade tjuven helt själv!"

Margit, som nu också kommit hem, skyndade sig fram och kramade om sin älskade katt. "Åh, Kalle! Jag visste inte att du hade det i dig. Du är verkligen en hjälte!"

Kalle blinkade långsamt och rullade ihop sig igen på sin kudde. Han var nöjd med att få höra det, men egentligen ville han bara fortsätta sova.

Och så levde Kalle vidare som den lataste, men också den modigaste, katten i byn. Och även om han älskade sina tupplurar, visste han nu att han också kunde vara en hjälte när det verkligen gällde.

A Very Lazy Cat

Once upon a time, there was a cat named Kalle. Kalle was not like other cats. While most cats love to chase mice, run around, and climb trees, Kalle did only one thing – he slept. In fact, Kalle slept so much that he became known throughout the village as "the lazy cat."

Kalle's owner, a kind old lady named Margit, tried in every way to get him to move. She bought him new toys, treated him to the finest snacks, and even let him sleep on the softest pillows. But no matter what she did, Kalle was always too tired.

"Oh, Kalle," Margit sighed every day, "what will I do with you? You will never be a hero if you sleep all the time."

But Kalle didn't care. He just rolled over on his pillow and yawned loudly. "I don't need to be a hero," he thought. "I'm fine just the way I am."

One day, when Margit was out shopping, a dangerous thief came to the village. His name was Sigge, and he was notorious for stealing from the old and weak. Sigge had heard about Margit's house and all her fine things, so he decided to break in.

As Sigge sneaked through the window, Kalle was, as usual, sleeping on his pillow. The thief looked around the house and began collecting jewelry, money, and anything else valuable he could find. But when he came to Kalle's room, he accidentally tripped over the cat's toy mouse.

"What on earth is this?" muttered Sigge, annoyed.

Kalle woke up at the sound but, as usual, didn't care. "Too much effort," he thought and went back to sleep.

But Sigge had made a mistake. He tripped again, and this time he fell right onto Kalle's pillow, coming face-to-face with the lazy cat.

Kalle blinked slowly at the thief, who stared back at him with fear in his eyes. The thief wasn't afraid of cats, but he knew that if he was spotted by anyone, even a cat, he could get caught. He knew Margit would be home soon, and he didn't have time to argue.

But Kalle, still half-asleep, did something unexpected. He rolled over and accidentally pressed a button Margit had installed to activate an alarm system. A loud, wailing sound filled the house, and Sigge jumped up in a panic.

"What is this?" Sigge yelled, trying to turn off the sound.

But it was too late. The alarm had already alerted the neighbors, and soon the police would be there.

Sigge, now in total panic, didn't know what to do. He ran toward the door to escape, but in his hurry, he slipped again – this time on Kalle's blanket lying on the floor. He fell right down, and before he even had time to get back up, he heard the police sirens getting closer.

Kalle, still lying on his pillow, looked at the thief and yawned. He didn't really understand what was happening, but he knew something important had occurred.

When the police entered the house, they saw the thief lying on the floor, confused and with no chance to escape. One of the officers, a big man named Erik, looked at Kalle and laughed.

"This cat," he said, "must be the bravest cat in the whole village! He stopped the thief all by himself!"

Margit, who had now returned home, hurried over and hugged her beloved cat. "Oh, Kalle! I never knew you had it in you. You really are a hero!"

Kalle blinked slowly and curled up again on his pillow. He was pleased to hear that, but honestly, he just wanted to go back to sleep.

And so Kalle lived on as the laziest, but also the bravest, cat in the village. And even though he loved his naps, he now knew that he could also be a hero when it really mattered.

Den Försvunna Skatten

En gång för länge sedan, men inte alltför länge sedan, fanns det en liten by vid havet. Byn hette Saltstrand och var känd för sina fiskare, sin fina strand, och... för pirater. Eller, rättare sagt, en pirat – den busiga piraten Kapten Roffe.

Kapten Roffe var inte som andra pirater. Han var inte särskilt farlig, och han hade aldrig rövat bort någon skatt. Han var mest känd för att ställa till bus och spela spratt på folk. Roffe hade en båt som hette Svarta Seglet, men ingen tog honom riktigt på allvar eftersom han aldrig hade hittat någon riktig skatt.

En morgon när solen sken och vågorna lugnt rullade in mot stranden, satt Kapten Roffe på sin båt och funderade på något nytt bus han kunde göra. Han tittade ut över havet och suckade. "Vad ska jag göra idag?" frågade han sin papegoja Polly, som satt på hans axel.

"Bus! Bus! Skatt!" skränade Polly. Hon var lika busig som Roffe.

Kapten Roffe sken upp. "Skatt! Ja, Polly, det är dags att hitta en riktig skatt!"

Kapten Roffe gick ner till sin kajuta och började leta genom sina gamla papper. Där, längst ner i en låda fylld med snäckor, flaskor och skräp, hittade han den – en gammal skattkarta! Kartan var gulnad och trasig i kanterna, men man kunde fortfarande se linjer och markeringar.

"Det här ser lovande ut!" utropade Roffe och rullade ut kartan på bordet. "En skatt som ingen har hittat på hundra år! Tänk om jag blir den första?"

Polly flaxade upp i luften. "Skatt! Skatt! Vi hittar skatten!"

Roffe satte på sig sin hatt och tog sitt svärd. "Då är det bestämt, Polly. Idag blir vi riktiga skattsökare!"

De hoppade ombord på Svarta Seglet och hissade seglen. Vinden tog tag i seglen, och de styrde mot horisonten. De var på väg mot ett äventyr – kanske deras största hittills!

Efter några timmars segling närmade sig Svarta Seglet en liten ö, täckt av tät djungel. Enligt kartan skulle den första ledtråden finnas här. Kapten Roffe och Polly gick iland och började leta.

"Jag undrar vad vi ska hitta," sa Roffe och drog kartan ur sin ficka.

Plötsligt hörde de ett ljud bakom sig. Det var en liten sköldpadda som långsamt kröp förbi. Polly började skratta. "Busig sköldpadda!"

"Det där är ingen busig sköldpadda, Polly," skrattade Roffe. "Men kanske kan den hjälpa oss att hitta ledtråden."

Sköldpaddan stannade vid en stor sten och verkade peka mot den med sitt huvud. Roffe gick närmare och såg en inskription på stenen: "Här börjar ditt äventyr, följ solen till den gömda grottan."

"Det här måste vara första ledtråden!" utropade Roffe. "Vi ska följa solen."

Kapten Roffe och Polly följde solen genom djungeln tills de kom till en hög klippa. Där, gömd bakom några stora buskar, fanns en smal öppning som såg ut att leda in i berget.

"Det här måste vara den gömda grottan!" sa Roffe.

De kröp in i den mörka grottan och tände en fackla. Väggarna var täckta med konstiga tecken, och ju längre de gick, desto kallare blev det. Men längst in i grottan hittade de något mycket märkligt – ett enormt stenansikte som stirrade rakt på dem.

"Vem går där?" mullrade en röst, så djup att det kändes som att marken skakade.

Kapten Roffe stannade tvärt. "Eh... Jag är Kapten Roffe, och jag söker efter skatten."

"Endast den modigaste kan fortsätta," sa rösten. "För att hitta skatten måste du lösa mitt gåtfulla pussel."

Roffe svalde hårt. "Ett pussel, säger du? Jag älskar pussel!"

Stenansiktet log och sa, "Här kommer din gåta: Vad har fyra ben på morgonen, två ben på dagen och tre ben på kvällen?"

Kapten Roffe kliade sig i huvudet. "Det där är svårt... vad kan det vara?" Han gick fram och tillbaka i grottan, medan Polly flög runt och skränade "Fyra ben! Två ben! Tre ben!"

Efter en stund stannade Roffe och slog sig för pannan. "Jag har det! Svaret är en människa! Som barn kryper man på fyra ben, som vuxen går man på två, och som gammal använder man en käpp, så man har tre!"

Stenansiktet nickade långsamt. "Du har löst gåtan. Du må fortsätta."

Plötsligt öppnade sig en hemlig dörr i grottväggen, och Roffe och Polly gick vidare in i ett rum som glittrade av ljus.

Rummet var fullt av guldmynt, ädelstenar och glänsande juveler. "Vi hittade den!" ropade Roffe. "Den försvunna skatten!"

Polly skränade glatt, "Skatt! Skatt! Vi är rika!"

Kapten Roffe skrattade. "Vi är verkligen riktiga skattsökare nu, Polly!"

De började fylla sina fickor med guld och ädelstenar. Men plötsligt hördes ett ljud bakom dem – dörren till grottan började sakta stängas!

"Vi måste skynda oss!" ropade Roffe och sprang mot utgången. Precis när dörren var på väg att slå igen, hoppade de ut och rullade ner för klippan.

Efter att ha undkommit grottan, seglade Kapten Roffe och Polly tillbaka till Saltstrand med Svarta Seglet fullastad med skatt. När de kom tillbaka till byn, möttes de av jubel och applåder. Ingen kunde tro att Roffe, den busiga piraten, verkligen hade hittat en skatt.

Barnen i byn samlades runt honom och ville höra alla detaljer om hans äventyr. "Berätta om grottan!" ropade en pojke. "Och om gåtan!" sa en flicka.

Kapten Roffe log och berättade hela historien – från den busiga sköldpaddan till det gåtfulla stenansiktet. Men när han kom till delen om skatten, stannade han upp och tänkte.

"Vet ni vad?" sa han. "Den verkliga skatten var inte guld eller ädelstenar. Det var äventyret och vänskapen jag delade med min trogna följeslagare, Polly."

Och vem vet? Kanske finns det fler skatter där ute, väntande på att bli hittade.

The Lost Treasure

Once upon a time, but not too long ago, there was a small village by the sea. The village was called Saltstrand, known for its fishermen, its fine beach, and... for pirates. Or rather, one pirate – the mischievous pirate Captain Roffe.

Captain Roffe wasn't like other pirates. He wasn't particularly dangerous, and he had never stolen a treasure. He was mostly known for playing pranks and tricks on people. Roffe had a boat called the Black Sail, but no one really took him seriously because he had never found any real treasure.

One morning, as the sun shone and the waves gently rolled onto the shore, Captain Roffe sat on his boat, pondering what new prank he could play. He looked out over the sea and sighed. "What should I do today?" he asked his parrot, Polly, who sat on his shoulder.

"Pranks! Pranks! Treasure!" squawked Polly. She was just as mischievous as Roffe.

Captain Roffe's face lit up. "Treasure! Yes, Polly, it's time to find some real treasure!"

Captain Roffe went down to his cabin and began searching through his old papers. There, at the bottom of a box filled with shells, bottles, and junk, he found it – an old treasure map! The map was yellowed and torn at the edges, but you could still see lines and markings.

"This looks promising!" Roffe exclaimed, rolling out the map on the table. "A treasure that hasn't been found in a hundred years! What if I'm the first?"

Polly fluttered into the air. "Treasure! Treasure! We'll find the treasure!"

Roffe put on his hat and grabbed his sword. "It's settled, Polly. Today, we're becoming real treasure hunters!"

They jumped aboard the Black Sail and hoisted the sails. The wind caught the sails, and they set off towards the horizon. They were on their way to an adventure – perhaps their greatest one yet!

After a few hours of sailing, the Black Sail approached a small island, covered in dense jungle. According to the map, the first clue would be found here. Captain Roffe and Polly went ashore and began searching.

"I wonder what we'll find," Roffe said, pulling the map from his pocket.

Suddenly, they heard a sound behind them. It was a small turtle slowly crawling by. Polly started laughing. "Mischievous turtle!"

"That's no mischievous turtle, Polly," laughed Roffe. "But maybe it can help us find the clue."

The turtle stopped by a large rock and seemed to point at it with its head. Roffe stepped closer and saw an inscription on the stone: "Your adventure begins here, follow the sun to the hidden cave."

"This must be the first clue!" Roffe exclaimed. "We're supposed to follow the sun."

Captain Roffe and Polly followed the sun through the jungle until they reached a tall cliff. There, hidden behind some large bushes, was a narrow opening that seemed to lead into the mountain.

"This must be the hidden cave!" said Roffe.

They crawled into the dark cave and lit a torch. The walls were covered in strange symbols, and the further they went, the colder it became. But at the very back of the cave, they found something quite strange – a massive stone face staring right at them.

"Who goes there?" boomed a voice, so deep that it felt like the ground was shaking.

Captain Roffe stopped in his tracks. "Uh... I'm Captain Roffe, and I'm searching for the treasure."

"Only the bravest may proceed," said the voice. "To find the treasure, you must solve my riddle."

Roffe swallowed hard. "A riddle, you say? I love riddles!"

The stone face smiled and said, "Here's your riddle: What has four legs in the morning, two legs at noon, and three legs in the evening?"

Captain Roffe scratched his head. "That's a tough one... what could it be?" He paced back and forth in the cave, while Polly flew around squawking, "Four legs! Two legs! Three legs!"

After a while, Roffe stopped and smacked his forehead. "I've got it! The answer is a human! As a baby, you crawl on all fours, as an adult, you walk on two legs, and as an old person, you use a cane, so you have three legs!"

The stone face nodded slowly. "You have solved the riddle. You may proceed."

Suddenly, a secret door in the cave wall opened, and Roffe and Polly continued into a room that glittered with light.

The room was full of gold coins, gemstones, and shining jewels. "We found it!" Roffe shouted. "The lost treasure!"

Polly screeched happily, "Treasure! Treasure! We're rich!"

Captain Roffe laughed. "We're real treasure hunters now, Polly!"

They started filling their pockets with gold and gems. But suddenly, they heard a sound behind them – the door to the cave was slowly closing!

"We've got to hurry!" Roffe yelled, running toward the exit. Just as the door was about to slam shut, they jumped out and rolled down the cliff.

After escaping the cave, Captain Roffe and Polly sailed back to Saltstrand with the Black Sail loaded with treasure. When they returned to the village, they were greeted with cheers and applause. No one could believe that Roffe, the mischievous pirate, had actually found a treasure.

The children in the village gathered around him, eager to hear every detail of his adventure. "Tell us about the cave!" shouted one boy. "And the riddle!" said a girl.

Captain Roffe smiled and told the whole story – from the mischievous turtle to the puzzling stone face. But when he got to the part about the treasure, he paused and thought.

"You know what?" he said. "The real treasure wasn't the gold or jewels. It was the adventure and the friendship I shared with my loyal companion, Polly."

And who knows? There might be more treasures out there, waiting to be found.

Den Klumpiga Enhörningen

In det magiska landet Sparkland, där regnbågarna alltid sken och stjärnorna dansade på himlen, bodde det en enhörning vid namn Ulf. Ulf var en mycket speciell enhörning, för även om han hade en glittrande horn och vacker, skimrande päls, var han också otroligt klumpig.

Ulf var känd bland de andra magiska varelserna för att ständigt trampa snett och snubbla över sina egna hov. Han lyckades alltid göra något tokigt, som att slå sönder de finaste kristallkronorna i slottet eller att vända en nygräddad tårta till mos när han försökte servera den. Trots detta var Ulf alltid glad och försökte sitt bästa för att vara en bra vän, även om det ibland blev lite kaos.

En solig morgon när Ulf vaknade, bestämde han sig för att ge sig ut på en promenad. Det var en dag för att samla blommor, något han älskade att göra, även om han oftast råkade riva upp dem med sina stora, klumpiga hovar. Men Ulf var ivrig att ha en dag fylld med äventyr och glädje.

Han gick genom den glittrande skogen där blommorna var i full blom. Träden viskade hemligheter till varandra, och fåglarna sjöng melodiska sänger. Ulf hade en stor korg som han bar över ryggen, och han började plocka blommor med stor entusiasm. Men snart märkte han att han var på väg att snubbla över en rot som stack ut från marken.

"Oj då!" utbrast Ulf och försökte snabbt balansera sig. Han snubblade framåt och ramlade ner i en bäck. Vattnet stänkte överallt, och blommorna spreds runt honom som regndroppar. Han försökte komma upp, men halkade istället och föll tillbaka i vattnet. Han såg ut som en blöt, glittrande fluffboll när han till slut lyckades klättra upp på kanten av bäcken.

Ulf suckade och ruskade på sig för att få bort det kalla vattnet. Trots det, kunde han inte låta bli att skratta åt sin egen klumpighet. "Det här kommer att bli en lång dag," tänkte han och började plocka blommor igen, denna gång med extra försiktighet.

Medan han plockade blommor hörde han ett svagt, oroligt ljud. Han följde ljudet och upptäckte att det kom från en liten, panikslagen kanin som fastnat i ett buske. Ulf försökte försiktigt hjälpa kaninen, men hans stora hovar gjorde det svårt att vara precis. Han trampade på grenarna och busken snurrade runt i en virvelvind av blad.

"Stanna! Snälla, stanna!" ropade kaninen. "Jag är fast och kan inte komma loss!"

Ulf blev ännu mer förvirrad när han försökte hjälpa till. Han försökte använda sin horn för att frigöra busken, men allt han lyckades med var att riva upp jorden och skapa ett ännu större kaos. Till slut lyckades han med ett sista försök att rädda kaninen, och efter att ha kämpat en stund fick han busken att släppa sin fånge.

"Åh, tack så mycket!" sa kaninen, som nu var fri och lite snurrig. "Du kanske är klumpig, men du har ett hjärta av guld."

Ulf blev rörd av kaninens ord och log stort. "Det var inget, jag är glad att jag kunde hjälpa till," svarade han.

Efter den äventyrliga räddningen fortsatte Ulf sin promenad och plockade fler blommor, även om han fortfarande snubblade lite då och då. Han plockade en bukett med vackra blommor som han planerade att ge till sina vänner i slottet.

När han kom tillbaka till slottet, upptäckte han att det var en stor fest på gång. Prinsessan Bella, som var känd för att vara en fantastisk värdinna, hade ordnat en stor fest för alla de magiska varelserna i Sparkland. Musiken spelades, och alla dansade och hade kul.

Ulf kände sig nervös när han såg hur elegant och smidigt alla andra dansade. Han visste att hans klumpiga rörelser kanske inte skulle passa in på en så fin fest. Men han bestämde sig för att ändå gå fram och ge prinsessan Bella blommorna.

När han närmade sig prinsessan, snubblade han över en matta och råkade slå till ett bord med godsaker. En enorm tårta rullade iväg och kraschade rakt in i en grupp fjärilar, som förvandlades till ett virrvarr av färgglada vingar och vispande socker.

Alla i rummet stannade upp och såg på Ulf med stora ögon. Ulf kände hur hans kinder blev varma av skam. Men till hans förvåning började alla plötsligt skratta. Prinsessan Bella gick fram till Ulf och klappade honom på ryggen.

"Det är helt okej, Ulf," sa hon och log. "Vi alla uppskattar din vänlighet och din vilja att hjälpa till. Det är det som räknas mest."

Ulf blev så lättad att han också började skratta. Han insåg att det var okej att vara klumpig, så länge man försökte sitt bästa och var en god vän. Festen fortsatte, och även om det blev lite mer kaos än vanligt, hade alla en fantastisk tid.

Och varje gång Ulf snubblade över något, skulle han alltid minnas det lilla äventyret i skogen och det stora skrattet på festen. För ibland är det just de små, klumpiga momenten som gör livet lite mer magiskt.

The Clumsy Unicorn

In the magical land of Sparkland, where rainbows always shone and stars danced in the sky, lived a unicorn named Ulf. Ulf was a very special unicorn, for although he had a glittering horn and beautiful, shimmering fur, he was also incredibly clumsy.

Ulf was known among the other magical creatures for constantly tripping over his own hooves and stumbling around. He always seemed to do something silly, like smashing the finest crystal chandeliers in the castle or turning a freshly baked cake into mush when he tried to serve it. Despite this, Ulf was always cheerful and did his best to be a good friend, even if it sometimes ended in chaos.

One sunny morning when Ulf woke up, he decided to go for a walk. It was a day for flower picking, something he loved to do, even though he often ended up pulling them out with his big, clumsy hooves. But Ulf was eager for a day full of adventure and joy.

He wandered through the sparkling forest where the flowers were in full bloom. The trees whispered secrets to each other, and the birds sang melodic songs. Ulf had a large basket on his back, and he began to pick flowers with great enthusiasm. But soon he noticed he was about to trip over a root sticking out of the ground.

"Oops!" exclaimed Ulf as he tried to balance himself quickly. He stumbled forward and fell into a stream. The water splashed everywhere, and the flowers scattered around him like raindrops. He tried to get up but slipped again and fell back into the water. He looked like a wet, glittering fluffball when he finally managed to climb up onto the bank.

Ulf sighed and shook himself to get rid of the cold water. Despite it, he couldn't help but laugh at his own clumsiness. "It's going to be a long day," he thought and started picking flowers again, this time with extra caution.

While he was picking flowers, he heard a faint, worried sound. He followed the noise and discovered it was coming from a little, panicked rabbit stuck in a bush. Ulf tried to gently help the rabbit, but his large hooves made it difficult to be precise. He stepped on the branches, and the bush spun around in a whirlwind of leaves.

"Stop! Please stop!" cried the rabbit. "I'm stuck and can't get free!"

Ulf became even more confused as he tried to help. He attempted to use his horn to free the bush, but all he managed to do was dig up the soil and create even more chaos. After a final attempt, he managed to free the rabbit, and after struggling for a while, the bush let go of its prisoner.

"Oh, thank you so much!" said the rabbit, now free and a little dizzy. "You may be clumsy, but you have a heart of gold."

Ulf was touched by the rabbit's words and smiled widely. "

It was nothing, I'm glad I could help," he replied.

After the adventurous rescue, Ulf continued his walk and picked more flowers, though he still stumbled a bit now and then. He picked a bouquet of beautiful flowers that he planned to give to his friends at the castle.

When he returned to the castle, he discovered there was a big party going on. Princess Bella, who was known for being a wonderful hostess, had organized a grand feast for all the magical creatures in Sparkland. Music played, and everyone danced and had fun.

Ulf felt nervous as he saw how elegantly and smoothly everyone else danced. He knew that his clumsy movements might not fit in at such a fine party. But he decided to still go forward and give Princess Bella the flowers.

As he approached the princess, he tripped over a rug and accidentally knocked into a table with goodies. An enormous cake rolled away and crashed right into a group of butterflies, turning into a swirl of colorful wings and swirling sugar.

Everyone in the room stopped and stared at Ulf with wide eyes. Ulf felt his cheeks grow warm with embarrassment. But to his surprise, everyone suddenly began to laugh. Princess Bella came up to Ulf and patted him on the back.

"It's perfectly alright, Ulf," she said with a smile. "We all appreciate your kindness and willingness to help. That's what matters most."

Ulf was so relieved that he started laughing too. He realized that it was okay to be clumsy as long as you tried your best and were a good friend. The party continued, and although there was a bit more chaos than usual, everyone had a fantastic time.

And every time Ulf stumbled over something, he would always remember the little adventure in the forest and the great laughter at the party. For sometimes it's those small, clumsy moments that make life a little more magical.

En Magisk Resa

———

Det var en solig eftermiddag i den lilla byn Solskensdalen. I den mysig liten stuga bodde en liten pojke vid namn Emil och hans trogna vän, en gammal katt som hette Rolf. Emil och Rolf hade varit bästa vänner i många år och tillbringade varje dag tillsammans på äventyr i skogen och vid sjön. Deras vänskap var speciell, för de visste att det inte behövdes stora saker för att vara lycklig, bara att vara tillsammans.

En dag, när Emil och Rolf satt på en mjuk gräsmatta och tittade på molnen som seglade förbi, såg de en ovanlig, lysande stjärna som började glittra på himlen. Stjärnan verkade närma sig dem, och de kunde se att det var något speciellt med den.

"Vad tror du det är?" frågade Emil förväntansfullt.

"Det ser ut som om stjärnan vill att vi ska följa den," svarade Rolf med ett mjukt och varmt brummande. Rolf, som alltid hade en känsla för magiska saker, visste att detta var en speciell tid.

Utan att tveka bestämde sig Emil och Rolf för att följa den lysande stjärnan. De började gå mot den, och snart fann de sig själva på en mystisk stigen som slingrade sig genom den gamla skogen. Träden viskade hemligheter för varandra, och en mild bris spelade melodiska toner genom löven.

De gick djupt in i skogen, där stjärnan ledde dem till en öppning som de aldrig hade sett förut. Där, mitt på den glittrande gräsmattan, stod en gammal ek med en fantastisk dörr inbäddad i stammen. Dörren var täckt av vackra, glimmande symboler som såg ut att vara skrivna av stjärnljus.

"Vi borde öppna den," sade Emil med förväntan i rösten.

Rolf nickade och rörde försiktigt dörrhandtaget med sin tass. När dörren öppnades, avslöjade den en trappa som ledde neråt i en glittrande underjordisk värld. Emil och Rolf tog ett djupt andetag och började gå nerför trappan, som var täckt av stjärnstoft.

När de kom ner, fann de sig själva i en fantastisk plats där allt skimrade i regnbågens färger. Det var en värld fylld med stora, mjuka moln som svävade genom luften och fjärilar med glittrande vingar. En mjuk, blå dimma svävade genom luften och skapade en känsla av fred och magi.

I mitten av denna underbara värld stod en stor, lysande kristall som verkade vara själva källan till allt ljus omkring dem. Framför kristallen satt en vänlig gammal man med ett vitt skägg och kloka ögon. Han hade en kappe av stjärnljus och ett leende som lyste upp hela rummet.

"Hej, små vänner," sade mannen med en mjuk röst. "Jag är Stjärnväktaren, och jag har väntat på er. Jag har en speciell uppgift för er."

Emil och Rolf såg på varandra med stora ögon. "Vad är uppgiften?" frågade Emil.

Stjärnväktaren berättade att en del av stjärnorna hade blivit trötta och behövde lite hjälp med att lysa upp natthimlen igen. Han förklarade att varje stjärna behövde en speciell gnista av glädje och vänskap för att återfå sitt ljus. Emil och Rolf skulle få i uppdrag att samla dessa gnistor genom att sprida glädje och vänskap till olika delar av den magiska världen.

"Vi ska hjälpa till!" sade Emil och Rolf i kör. De visste att det var en viktig och magisk uppgift som skulle kunna göra stor skillnad.

Stjärnväktaren gav dem en liten, glittrande urna som skulle samla de glädjegnistor de hittade. "Kom ihåg att det viktigaste är att sprida vänlighet och glädje," sade han. "Och kom tillbaka när ni har fyllt urnan."

Med uppdraget i åtanke började Emil och Rolf sin resa genom den magiska världen. Först kom de till en plats där små, ledsen utseende stjärnflugor flög omkring. De var trötta och saknade sitt ljus.

Emil och Rolf satte sig ner med stjärnflugorna och började berätta historier om sina egna äventyr och roliga minnen. De sjöng sånger och delade med sig av sina skratt. Sakta började stjärnflugorna att lysa upp och deras skratt fyllde luften med glädje.

När stjärnflugorna började lysa starkare, fyllde Emil och Rolf deras urna med den glädje som flög omkring. Nästa destination var en dal där grå och tråkiga moln hade lagt sig över landskapet. Molnen kände sig ensamma och behövde lite uppmuntran.

Emil och Rolf började bygga små regnbågar med hjälp av stjärnljus och glädje. De spelade spel och berättade skämt för molnen. Snart började molnen le och forma sig till glada och färgglada figurer. De fyllde urnan med den glädje som nu fyllde luften.

Den sista platsen de besökte var en skog där en ensam, gammal ek stod. Eken såg trött ut och saknade sin gamla glans. Emil och Rolf närmade sig eken och började prata med den. De berättade historier om vänskap och äventyr, och delade sina drömmar med trädet.

Eken började känna sig gladare, och dess gamla löv började glittra igen. Emil och Rolf fyllde sin urna med den glädje som nu strålade från det gamla trädet.

När de återvände till Stjärnväktaren, var deras urna fylld med glädje och vänskap. Stjärnväktaren tog emot urnan och öppnade den. En strålande ljusstråle sköt upp mot himlen och fyllde hela den magiska världen med ett mjukt, varmt ljus.

"Ni har gjort ett underbart jobb," sade Stjärnväktaren med ett stolt leende. "Nu kommer stjärnorna att lysa klarare än någonsin och natthimlen kommer att vara full av ljus."

Emil och Rolf kände sig glada och stolta över att ha hjälpt till. De visste att deras vänskap och glädje hade gjort en stor skillnad. När de lämnade den magiska världen och återvände till Solskensdalen, kände de sig lyckliga och fyllda med en ny förståelse för hur viktig vänskap och glädje är.

De visste att det var dessa små ögonblick av vänlighet och kärlek som gjorde livet speciellt. Emil och Rolf fortsatte sina äventyr tillsammans, alltid med ett leende på läpparna och ett hjärta fyllt med glädje, för de hade lärt sig att magi finns överallt där det finns vänskap och kärlek.

53

A Magical Journey

⸺

It was a sunny afternoon in the small village of Sunnyvale. In a cozy little cottage lived a young boy named Emil and his loyal friend, an old cat named Rolf. Emil and Rolf had been best friends for many years and spent every day together on adventures in the forest and by the lake. Their friendship was special because they knew that it didn't take grand things to be happy, just being together.

One day, as Emil and Rolf sat on a soft meadow watching the clouds drift by, they saw an unusual, glowing star starting to twinkle in the sky. The star seemed to be moving closer to them, and they could see that it was something special.

"What do you think it is?" asked Emil excitedly.

"It looks like the star wants us to follow it," Rolf replied with a soft and warm purr. Rolf, who always had a sense for magical things, knew that this was a special time.

Without hesitation, Emil and Rolf decided to follow the glowing star. They began walking towards it, and soon found themselves on a mysterious path winding through the ancient forest. The trees whispered secrets to each other, and a gentle breeze played melodic tunes through the leaves.

They ventured deep into the forest, where the star led them to a clearing they had never seen before. There, in the middle of the shimmering meadow, stood an old oak tree with a magnificent door embedded in its trunk. The door was covered in beautiful, glowing symbols that seemed to be written in starlight.

"We should open it," Emil said with anticipation.

Rolf nodded and gently touched the door handle with his paw. When the door opened, it revealed a staircase leading down into a sparkling underground world. Emil and Rolf took a deep breath and began descending the stairs, which were covered in stardust.

When they reached the bottom, they found themselves in a magnificent place where everything shimmered in the colors of the rainbow. It was a world filled with large, soft clouds floating through the air and butterflies with sparkling wings. A soft, blue mist drifted through the air, creating a sense of peace and magic.

In the middle of this wonderful world stood a large, glowing crystal that seemed to be the very source of all the light around them. In front of the crystal sat a kind old man with a white beard and wise eyes. He wore a robe of starlight and had a smile that lit up the entire room.

"Hello, little friends," said the man with a gentle voice. "I am the Star Keeper, and I have been waiting for you. I have a special task for you."

Emil and Rolf looked at each other with wide eyes. "What is the task?" Emil asked.

The Star Keeper explained that some of the stars had become tired and needed help to brighten up the night sky again. He explained that each star needed a special spark of joy and friendship to regain its light. Emil and Rolf were to gather these sparks by spreading joy and friendship to different parts of the magical world.

"We will help!" Emil and Rolf said in unison. They knew it was an important and magical task that could make a big difference.

The Star Keeper gave them a small, sparkling urn to collect the joy sparks they found. "Remember, the most important thing is to spread kindness and joy," he said. "And come back when you have filled the urn."

With their mission in mind, Emil and Rolf began their journey through the magical world. Their first stop was a place where small, sad-looking starflies were fluttering around. They were tired and missing their light.

Emil and Rolf sat down with the starflies and began telling stories about their own adventures and funny memories. They sang songs and shared their laughter. Slowly, the starflies began to glow and their laughter filled the air with joy.

As the starflies started to shine brighter, Emil and Rolf filled their urn with the joy that was flying around. Their next destination was a valley where gray and dull clouds had settled over the landscape. The clouds felt lonely and needed some encouragement.

Emil and Rolf started creating small rainbows with the help of starlight and joy. They played games and told jokes to the clouds. Soon, the clouds began to smile and form into happy and colorful shapes. They filled the urn with the joy that now filled the air.

The final place they visited was a forest where a lonely, old oak tree stood. The tree looked tired and missed its old sparkle. Emil and Rolf approached the tree and began talking to it. They shared stories of friendship and adventure and spoke about their dreams.

The tree began to feel happier, and its old leaves started to glitter again. Emil and Rolf filled their urn with the joy that now radiated from the old tree.

When they returned to the Star Keeper, their urn was filled with joy and friendship. The Star Keeper received the urn and opened it. A brilliant beam of light shot up to the sky, filling the entire magical world with a soft, warm glow.

"You have done a wonderful job," said the Star Keeper with a proud smile. "Now the stars will shine brighter than ever, and the night sky will be full of light."

Emil and Rolf felt happy and proud of having helped. They knew that their friendship and joy had made a big difference. As they left the magical world and returned to Sunnyvale, they felt happy and filled with a new understanding of how important friendship and joy are.

They knew that it was these small moments of kindness and love that made life special. Emil and Rolf continued their adventures together, always with a smile on their faces and hearts full of joy, for they had learned that magic exists everywhere there is friendship and love.